LA CONFESIÓN

LOS FRUTOS DE SU PRÁCTICA

"Os empeño mi palabra, que todo lo que atareis sobre la tierra, será eso mismo atado en el cielo; y todo lo que desatareis sobre la tierra, será eso mismo desatado en el cielo".

—Mateo 18:18

✢ Retorno del Hijo Pródigo

LA CONFESIÓN

LOS FRUTOS DE SU PRÁCTICA

"Y muchos de los creyentes, o fieles, venían a confesar y a declarar todo lo malo que habían hecho. Muchos asimismo de los que se habían dado al ejercicio de vanas curiosidades o ciencia mágica, hicieron un montón de sus libros, y los quemaron a la vista de todos; y valuados, se halló que montaban a cincuenta mil denarios, o ciclos de plata".

—Hechos de los Apóstoles 19:18-19

TAN Books
Charlotte, Carolina del Norte, EE, UU.

Nihil Obstat: William J. Blacet J.C.L.
Censor Librorum

Imprimatur: ✠ John P. Cody S.T.D.
Obispo de Kansas City-St. Joseph
Mayo 29, 1957

Publicado originalmente en inglés por el Convento Benedictino de Adoración Perpetua, Clyde, Missouri. Revisado, expandido y republicado en inglés por TAN Books, 2000. Traducido al español por Araceli Anatrella, 2011.

Nota de la traductora: Las citas bíblicas son tomadas de la Sagrada Biblia, Nueva Edición Guadalupana traducida del latín al español por Félix Torres Amat en 1950.

ISBN 978-0-89555-876-3

Impreso en India

TAN Books
Charlotte, Carolina del Norte, EE. UU.
2011

"El cual les repitió: La paz sea con vosotros. Como mi Padre me envió, así os envió también a vosotros. Dichas estas palabras, alentó, o dirigió el aliento, hacia ellos; y les dijo: Recibid el Espíritu Santo; quedan perdonados los pecados a aquellos a quienes los perdonareis; y quedan retenidos a los que se los retuviereis".

—Juan 20:21–23

ÍNDICE

Capítulo 1

LAS BENDICIONES QUE TRAE LA CONFESIÓN

"Bienaventurados los que lavan sus vestiduras en la sangre del Cordero" (*Apocalipsis* 22:14). ¡Los católicos verdaderamente pueden ser llamados "bienaventurados" porque tienen los medios para lavar sus vestiduras manchadas a causa del pecado en la Preciosa Sangre del Cordero de Dios por medio del Sacramento de la Penitencia! No hay duda que la Confesión, especialmente la Confesión frecuente, es una bendición inestimable para la humanidad.

El hombre no puede esperar una mejor bendición en la tierra que la verdadera paz del alma. El Sacramento de la Penitencia es una fuente perenne de paz. Es una fuente de incalculable consuelo para los corazones humanos.

Este sacramento otorga a todos y cada uno de los miembros de la Iglesia Católica que han infringido las santas leyes de Dios, los medios más fáciles y simples para obtener su completo perdón y restaurar su amistad con Dios. Este es el principal beneficio de la Confesión. Su segundo beneficio es borrar el castigo, que es la consecuencia del pecado. El castigo eterno es borrado completamente y el castigo temporal es borrado entera o parcialmente, según las disposiciones del penitente.

La Confesión cierra las puertas del infierno, que se abren para meter a las almas al infernal abismo que las aparta deliberadamente de Dios a causa del pecado mortal y que rompe los lazos atados a Dios prefiriendo su propia voluntad antes que la voluntad divina. Una buena Confesión abre nuevamente las puertas del cielo, las cuales están restringidas a las almas en estado de pecado mortal.

La Confesión viste a las almas con la hermosa ropa nupcial de la Gracia Santificante o la hace todavía más hermosa si el alma ya la posee.

Restaura los méritos que se han perdido incluso por un solo pecado mortal.

Permite al alma realizar otra vez actos meritorios para obtener la recompensa eterna, lo cual es imposible hacer mientras se está en pecado mortal.

Confiere gracias sacramentales, es decir, ayuda sobrenatural poderosa para evitar pecar en el futuro y perseverar en el servicio a Dios.

Concede las gracias especiales que el alma necesita para llevar una vida agradable a Dios.

Finalmente, comprueba que las pasiones e inclinaciones pecaminosas provienen del mal.

Para participar completamente de estas bendiciones que el Sacramento de la Penitencia nos da, es necesario que el penitente sepa hacer una buena Confesión. Este librito intentará ayudar a las almas en este importantísimo propósito explicando los cinco requisitos para una buena Confesión y otros puntos que son de vital importancia para la beneficiosa recepción de este Sacramento.

Capítulo 2

CINCO REQUISITOS PARA UNA BUENA CONFESIÓN

Como todo católico instruido sabe, las cinco cosas necesarias para una buena Confesión son:

1) Examen de conciencia.
2) Contrición (o dolor) del pecado.
3) Propósito firme de enmendar.
4) Confesión de los pecados a un sacerdote.
5) Aceptación de la penitencia (reparando nuestros pecados).

I. EXAMEN DE CONCIENCIA

"Id, mostraos a los sacerdotes" (*Lucas* 17:14). Esta fue la orden dada por Nuestro Señor a los diez leprosos que había curado. Esta es también la orden que Dios da a las almas que han contraído la enfermedad más aborrecible que es la lepra espiritual, es decir que han pecado. El sacerdote ha sido nombrado por Nuestro Señor Jesucristo como médico espiritual para curar las enfermedades del alma. Pero para hacerlo, el sacerdote, como cualquier otro médico, debe conocer la naturaleza de la enfermedad. En otras palabras, debe conocer los pecados que se han cometido. El penitente, por lo tanto, debe dar a conocer al sacerdote el estado de su alma. Para lograr este conocimiento de sí mismo, es indudablemente necesario que el penitente examine seriamente su vida desde su última Confesión, reflexionando sobre sus pensamientos, palabras, hechos y omisiones. Este escrutinio interno se llama *examen de conciencia*. Debe ser realizado con sinceridad y cuidado, atentos a la advertencia de San Pablo: "Que si nosotros entrásemos en cuentas con nosotros mismos, ciertamente no seríamos así juzgados por Dios" (*Corintios* 1 11:31).

A. Conciencia falsa y sus remedios

Un examen de conciencia diligente debería claramente traer a la mente del penitente sus pecados de pensamiento, palabra, obra, deseo y omisión, según su clase, número y circunstancias relevantes.

En este examen, se deben evitar dos cosas:

1) Falta de rigor o negligencia.
2) Escrupulosidad.

Conciencia poco estricta

Una conciencia poco estricta es una conciencia falsa. Es errónea porque es tolerante y demasiado liberal. Pasa sobre pecados serios pensando que tienen poca consecuencia. Cristo reprochó a los fariseos llamándolos "ciegos" por esta falla, diciéndoles que eran: "¡Oh guías ciegos! que coláis cuando bebéis por si hay un mosquito, y os tragáis un camello" (*Mateo* 23:24). La conciencia poco estricta necesita del temor de Dios, sobre el cual la escritura nos dice que "es el principio de la sabiduría" (*Salmos* 110:10). El alma no duda de la omnipotencia y de la justicia retributiva de Dios. Presumidamente y a propósito se engaña a sí misma. Finalmente, viene a contemplar los asuntos graves como si fueran de poca importancia. De esta manera se coloca a sí misma en el grave peligro de perderse eternamente.

Como cada uno debe vivir de acuerdo con una conciencia correcta, es imprescindible eliminar todas las actitudes incorrectas, para que nuestro Dios y mentor pueda ser una guía segura en nuestra vida espiritual. Una persona que tiene una conciencia floja debe esforzarse para remediarla meditando frecuentemente en la enormidad del pecado y la brevedad de la vida, en la Pasión de Nuestro Señor y en el horrible e interminable castigo del infierno. Debería rezar al Espíritu Santo para que le obsequie los dones de verdadero discernimiento con respecto al pecado, un santo y apropiado temor de Dios, arrepentimiento verdadero del pecado y remordimiento duradero de corazón.

Conciencia escrupulosa

La conciencia escrupulosa es de mentalidad cerrada y tímida. Está siempre en un estado de confusión y perturbación. Está oscurecida, por decirlo así, por una niebla y no puede discernir entre lo correcto y lo incorrecto, entre el pecado y la tentación. Persiste en ver el mal moral grave donde no existe ninguno. A veces la escrupulosidad es permitida como una visita o prueba de Dios, quien con Su consejo inescrutable lo permite para el bien del alma y para Su mayor gloria. Pero Dios es el Dios de la paz y el amor y no quiere que las almas se disturben durante mucho tiempo con esta prueba. Por lo tanto, cuando la escrupulosidad viene de Dios, cesa generalmente después de un tiempo si el alma es humilde y obediente.

Los escrúpulos también pueden ser una tentación del diablo. En la mayoría de los casos, sin embargo, proceden de causas puramente naturales. Ciertas condiciones de la mente y del cuerpo como el nerviosismo, la salud deteriorada y la melancolía, pueden producir escrúpulos. Esta enfermedad de la conciencia puede alcanzar un grado donde el alma no es capaz de emitir un juicio, tranquila y razonablemente en ciertos asuntos morales o en cualquier cuestión de si algo es correcto o incorrecto. Una persona escrupulosa no tiene luz para ver las cosas en su verdadero aspecto. A menudo, carece de humildad y sumisión a su director espiritual y tiende a la autosuficiencia y a la voluntad propia. Si así fuere, enfrenta el peligro de caer en el primer error, relajamiento, y eventualmente su estado continuo de ansiedad podría afectar su mente.

Una persona escrupulosa necesita cultivar una confianza afectuosa en Dios tal como la tienen los niños y debe obedecer a su confesor incondicionalmente. Los directores espirituales están de acuerdo en que la obediencia incondicional al confesor es el elemento más importante para derrotar la escrupulosidad y es a menudo el único medio de liberación. Meditar en la bondad, misericordia y amor de Dios ayudará al alma afligida con escrúpulos a confiar en Dios. Esta persona debe evitar la ociosidad y todas las circunstancias externas que conduzcan a producir o a aumentar sus escrúpulos. En lugar de examinar a cada minuto una y otra vez cada pequeño error—que tiende a exagerar—el alma escrupulosa debe contemplar sus escrúpulos como un pequeño niño, que descansa en los brazos de su amoroso padre, miraría a un perro que ladra ferozmente debajo de él, porque así como el perro no puede lastimar al niño en lo más mínimo, siempre y cuando permanezca en los brazos de su padre, así también los escrúpulos no dañan al alma siempre y cuando honestamente busque complacer a Dios y confiar en Su amor. Con actos de amor y confianza en Dios y con la completa obediencia al confesor, lo cual debe enfatizarse nuevamente, el alma generalmente puede lograr la paz de una conciencia verdadera con el tiempo.

Conciencia dudosa

A menudo las personas se encuentran en un estado de incertidumbre con respecto de si un acto que se preponen realizar es un pecado o no. Es un principio moral que establece que a uno no le está permitido actuar cuando esté en estado de verdadera duda. San Pablo dice: "Y todo lo que no es según la fe o dictamen de la conciencia, pecado es" (*Romanos* 14:23). Si uno está inseguro de si un acto en particular es pecado o no, es pecado realizar tal acto. La razón es que con esta actuación, la persona demuestra que está tan lista para hacer el mal como para hacer el bien. Un cierto grado de certeza moral es necesario, es decir, sería considerado suficiente para una persona ordinariamente prudente.

Como ejemplo, tomemos una duda que se puede presentar con respecto al ayuno y abstinencia en la vigilia de un día festivo.* La persona sabe que las

* Este ejemplo se basa en las leyes de la Iglesia de ayuno y abstinencia antes de 1960.—*Editor, 2000.*

vigilias en ciertos días festivos son días de ayuno y abstinencia de carne. La pregunta se presenta en su mente si el día antes de la Ascensión es día de ayuno y abstinencia. Si come carne ese día, asumiendo que no es un día de ayuno y abstinencia, pero no trató de averiguar con certeza, cometería un pecado, aunque el ayuno y abstinencia no fuesen prescritos realmente por la Iglesia. Su deber es cerciorarse independientemente de si es un día de ayuno y abstinencia y actuar en consecuencia con su averiguación. Esto podría hacerlo normalmente preguntando o refiriéndose a un calendario católico, aunque las circunstancias pueden darse haciendo imposible resolver la duda. En este último caso, debe abstenerse de comer carne.

B. Cómo hacer un buen examen de conciencia

La persona que acude al Sacramento de la Confesión frecuentemente, no necesita pasar mucho tiempo examinando su conciencia, cansando su mente sin ningún propósito y dando a la escrupulosidad una oportunidad de ganar terreno. El examen de conciencia debe ser sosegado, pero concienzudo.

El primer paso, es rezar devotamente al Espíritu Santo y pedirle luz y gracia para reconocer y detectar nuestros pecados. Este examen debe traer a la mente el día de la última Confesión y si la penitencia fue cumplida o no. Debe cubrir nuestros pecados de pensamiento, palabra, obra, deseo y omisión:

1) Contra los Mandamientos de Dios.
2) Contra los preceptos o leyes de la Iglesia.
3) Con respecto de los siete Pecados Capitales.
4) Con respecto de la negligencia de los deberes de su estado de vida.
5) Referente a las obras de misericordia espirituales y corporales omitidas.

Las personas que examinan su conciencia cada noche y van con frecuencia a confesarse recordarán fácilmente cualquier pecado mortal que hayan cometido. Pero para aquellos que rara vez se confiesan y se envician en hábitos pecaminosos, o han hecho un número de confesiones indignas, necesitan más que una simple ojeada a sus conciencias. Estas personas deben comenzar su examen de conciencia algunos días antes de ir a la Confesión, recordando que esta Confesión puede tal vez decidir el destino de su alma para la eternidad. Sería muy útil que sigan una forma de examen de conciencia como el que se da en este librito en las páginas que siguen.

II. CONTRICIÓN

Un examen de conciencia SINCERO trae a la persona cara a cara con muchos de los males y debilidades deplorables de su alma. Ayuda a descubrir el número, la clase y la gravedad de sus pecados. Debe humillarlo y hacerlo exclamar como el publicano: "¡Dios mío, ten misericordia de mí, que soy un pecador!" (*Lucas* 18:13). Entonces, pasará del examen de conciencia a la contrición.

La contrición es la clave de la misericordia y el perdón de Dios. Es la condición más esencial para una digna recepción del Sacramento de la Penitencia. El pecado es un gran mal. Aunque puede afectar ocasionalmente al cuerpo, su principal efecto está en el alma, porque separa al alma de Dios, enteramente (en el caso del pecado mortal), o parcialmente (en el caso del pecado venial), aflojando los lazos de nuestra amistad con Dios. Para estar nuevamente en la gracia de Dios por medio de la Confesión, el pecador debe arrepentirse sinceramente de sus malas acciones; debe estar realmente arrepentido y detestar sus pecados de todo corazón, resolviendo firmemente no cometerlos de nuevo.

Sin este arrepentimiento o contrición, no puede haber perdón del pecado. El sacerdote no tiene ningún poder de absolver a un pecador que no esté verdaderamente arrepentido. Si él intentara hacer esto, la absolución no tendría ningún valor. Dios mismo no lo perdonaría, ni podría perdonar a alguien que no se arrepienta de sus pecados y esté completamente decidido a no ofenderlo otra vez.

Contrición se define en el Concilio de Trento como *el dolor del alma y odio a los pecados cometidos, con la firme determinación de no pecar otra vez* (Sess. XIV, Cap. 4). Note que la contrición es un dolor del alma, no del cuerpo. No consiste en palabras, rasgones o emociones; o, en golpearse su pecho o simples muestras exteriores.

A. Cualidades de la contrición

La verdadera contrición tiene cuatro cualidades. Debe ser:

1) Interior,
2) Sobrenatural,
3) Universal y
4) Soberana.

Contrición interior

La contrición es interior cuando viene del corazón. Por tanto, a menudo se le llama "sincero dolor de corazón". No es necesario hacer esfuerzos intensos para suscitar este sincero dolor de corazón, porque tales esfuerzos producen ansiedad y a menudo dan lugar solamente a la demostración externa. Este sincero dolor de corazón tampoco significa que uno debe preocuparse por los pecados. La contrición y el arrepentimiento son consecuencia del amor a Dios; la ansiedad es un efecto del excesivo amor propio. La contrición verdadera es tranquila y humilde. A veces es un dolor perceptible, es decir, un dolor que se puede sentir; pero esto no es en absoluto esencial. La contrición es esencialmente un acto de la voluntad. Una persona tiene suficiente contrición cuando sus pecados lo descontentan a tal grado que resuelve no cometerlos otra vez, si se le presenta nuevamente la ocasión.

San Francisco de Sales dice que la capacidad de desear tiene un gran poder con Dios y uno tiene contrición por el simple hecho de que uno desea tenerla. Por lo tanto, si sobre todas las cosas, la voluntad está descontenta por haber pecado y si uno puede decir con el salmista: "aborrecí la injusticia, la detesté" (*Salmos* 118:163), la contrición es buena y suficiente.

Contrición sobrenatural

La contrición verdadera es sobrenatural. Es una gracia real del Espíritu Santo y es suscitada por motivos sobrenaturales.

Los motivos sobrenaturales principales son:

1) La bondad infinita de Dios.
2) El sufrimiento y la muerte de Cristo.
3) La repugnancia al pecado.
4) La pérdida de la recompensa eterna a causa del pecado.
5) El castigo eterno al cual uno queda sujeto a causa del pecado.

Contrición perfecta

La contrición perfecta es el dolor que procede de un puro o perfecto amor a Dios, quien es infinitamente bueno y perfecto en sí mismo, y merecedor de todo nuestro amor. Es dolor del pecado porque el pecado descontenta a Dios. Nuestro Señor dijo: "Amarás al Señor tu Dios con todo tu corazón, y con toda tu alma, y con toda tu mente" (*Mateo* 22:37). Estas palabras contienen la esencia de la contrición perfecta, porque como el Concilio de Trento declara: "La contrición perfecta es la que se concibe por caridad, es decir por amor a Dios como Él es en sí mismo o a causa de Su bondad".

Efectos de la contrición perfecta

La contrición perfecta limpia inmediatamente el alma de toda culpabilidad del pecado y la reconcilia con Dios, independientemente del Sacramento de la Penitencia. La contrición perfecta siempre incluye por lo menos el deseo y la intención implícita de recibir el Sacramento de la Penitencia. La obligación de confesar todos los pecados mortales todavía continúa, incluso después de hacer un acto o actos de contrición perfecta. **Uno debe saber bien que si ha cometido un pecado mortal, únicamente la contrición perfecta, sin el Sacramento de la Penitencia, no es suficiente para recibir la Santa Comunión. La persona debe acudir primero al Sacramento de la Confesión, de lo contrario, comete un pecado mortal de sacrilegio.**

La contrición perfecta es necesaria como medio de salvación para los pecadores agonizantes (en estado de pecado mortal), que no han recibido y no pueden recibir el Sacramento del Bautismo* y para los pecadores agonizantes, que han sido bautizados, pero no pueden recibir el Sacramento de la Penitencia. **La contrición perfecta es la última y única llave al cielo para los pecadores en la hora de su muerte (sean católicos o no) que no tienen recurso a las llaves de la misericordia confiadas por Dios a sus sacerdotes en los Sacramentos de la Penitencia y la Unción de los Enfermos.**

* La salvación bajo estas circunstancias presume el don de fe y el deseo del Bautismo.—*Editor, 2000.*

La contrición perfecta, sin embargo, no es necesaria para la recepción válida del Sacramento de la Penitencia. Aquí, la contrición imperfecta (también llamada a veces atrición) es suficiente. Uno debe, sin embargo, esforzarse en tener una contrición perfecta, porque mientras mayor sea su dolor por el pecado, más agradable le es a Dios y mayor es el castigo temporal perdonado en la recepción del Sacramento; mayor también es el mérito del penitente, la medida que determina su grado de gloria divina.

Los teólogos están unánimemente de acuerdo en que los méritos que se han perdido con el pecado mortal se restablecen en la recepción del Sacramento de la Penitencia. No es seguro, sin embargo, si todos los méritos que uno poseía antes de pecar son restaurados o si estos méritos se aumentan o disminuyen. Santo Tomás es de la opinión que los méritos quedan restaurados en proporción a la disposición del penitente, de modo que "a veces el penitente se levanta con mayor gracia que antes y a veces con menor gracia". Obviamente, entonces, mientras más perfecta sea su contrición, mayor será la medida de mérito restaurada.

En el caso de una persona que no ha cometido pecado mortal, la contrición perfecta (incluso fuera del Sacramento de la Confesión) incrementa y asegura el estado de gracia, perdona los pecados veniales de los que se arrepienta, cancela el castigo temporal debido al pecado y consolida y aumenta el amor verdadero y firme hacia Dios en el alma.

Cómo hacer actos de contrición perfecta

La contrición perfecta es una gracia, una gracia importante que brota del amor y la misericordia de Dios. Debemos seriamente tratar de alcanzarla, no solamente al prepararnos para la Confesión, sino habitualmente. "Dios mío, dame la gracia del arrepentimiento verdadero y una contrición perfecta por mis pecados", debe ser una de nuestras oraciones más frecuentes. Para disponer el alma para la contrición perfecta, uno debe colocarse, en persona o en imaginación, frente a un Crucifijo, y mirar las heridas de Jesús, reflexionando seriamente por un breve periodo de tiempo, en quién es el que sufre allí, en los terribles tormentos que Él aguanta, en la vergüenza y el dolor que abruman a esta víctima inocente del pecado y en el amor infinito con el cual este compasivo Redentor reparó estos pecados. Entonces, con el corazón y los labios, puede repetir lenta y fervientemente un acto de contrición, como el citado en las próximas páginas.

Contrición imperfecta

Aunque, como se declaró anteriormente, es mejor y más provechoso para el alma tener una contrición perfecta al recibir el Sacramento de la Penitencia, la segunda clase de contrición sobrenatural, la cual llamamos contrición imperfecta, es suficiente para una buena confesión. La contrición imperfecta, también llamada atrición, se define como el dolor y odio sobrenatural al pecado que se concibe de la reflexión en la atrocidad del pecado, del pavor de la pérdida del cielo o del miedo al infierno y sus tormentos. Por lo tanto, el motivo de la contrición imperfecta es el temor a Dios y Su juicio. Aunque la contrición imperfecta nace de un motivo sobrenatural, es inferior al motivo de la contrición perfecta. Sin embargo, la contrición imperfecta procede de la gracia de Dios y de motivos que nacen de la fe. Por lo tanto agradan a Dios.

La contrición imperfecta es más fácilmente suscitada en el alma que la contrición perfecta porque es accesible a todos los que tienen incluso el menor grado de fe. Incluso los pecadores más grandes pueden hacer un acto de contrición que nace del temor a Dios o del pavor al infierno. Con esta contrición, el perdón de los pecados se puede obtener por medio del Sacramento de la Penitencia.

Contrición universal

El tercer requisito de la contrición es que sea universal, es decir, debe extenderse a todos los pecados mortales sin excepción o reserva. La contrición no es genuina a menos que se deteste cada pecado mortal. Es imposible que algunos pecados mortales sean perdonados y otros no. Todos son perdonados o ninguno es perdonado. Es imposible que la luz y la oscuridad estén en un mismo lugar. Por lo tanto, la Gracia Santificante y el pecado mortal no pueden morar juntos. Si hay gracia en el alma, no puede haber pecado mortal y, si hay pecado mortal, no puede haber gracia porque el pecado mortal expele toda la gracia. Si la Gracia Santificante mora en el alma, el alma tiene derecho al cielo. Si el alma está en estado de pecado mortal, se dirige al infierno. El pecador debe, por lo tanto, estar arrepentido sinceramente de todos los pecados mortales si desea reconciliarse con Dios porque es imposible tener derecho al cielo y al infierno simultáneamente. Es imposible ser amigo y enemigo de Dios al mismo tiempo.

En su Epístola, el Apóstol Santiago indica este principio así: "Pues aunque uno guarde toda la ley, si quebranta un mandamiento, viene a ser reo de todos los demás" (*Santiago* 2:10). Un solo pecado mortal mantiene al alma bajo el poder del diablo. Y puesto que no se perdona ningún pecado mortal sin que haya dolor por el mismo, la contrición debe extenderse a todos los pecados mortales. Esto, por supuesto, no significa que uno debe hacer un acto de contrición especial por cada pecado mortal. Es suficiente que el acto de contrición abarque todos los pecados mortales cometidos.

En el caso de los pecados veniales, sin embargo, la contrición no necesita ser universal, aunque por supuesto es deseable que así sea. El pecado venial no hace al alma enemiga de Dios, pero disminuye su grado de amistad. Este hecho, sin embargo, no debe hacer que uno reduzca al mínimo la gravedad del pecado venial. Una persona puede hacer una buena Confesión si se arrepiente verdaderamente de algunos pecados veniales, aunque todavía tenga apego a otros. Pero solamente aquellos por los que esté arrepentido serán perdonados. Una Confesión es válida y buena, por lo tanto, si existe dolor por los pecados veniales, aún cuando no haya pecados mortales que confesar. Pero si hay pecados mortales y veniales, la Confesión es buena aunque tenga dolor solamente por los pecados mortales. Si el penitente tiene solamente pecados veniales que confesar y no está arrepentido de ningunos de ellos, la Confesión es inválida, es decir, los pecados no son perdonados, aunque la Confesión no sea necesariamente sacrílega, porque la absolución fue dada presumiendo que el penitente estaba arrepentido, cuando no lo estaba.

Contrición soberana

Finalmente, la contrición debe ser suprema o soberana. Esto significa que la contrición del pecado debe ser el más grande de todos los dolores. Debe exceder el dolor causado por la pérdida de todos los bienes o amigos terrenales porque el pecado es el más grande de todos los males, que trae al alma una pérdida no temporal, sino eterna. Con todo, según lo mencionado anteriormente, este dolor no tiene que ser sentido con las emociones.

De estas consideraciones, está claro que en la preparación para la Confesión se debe prestar especial atención al acto de contrición, que siempre debe ser hecho antes de entrar al confesionario para asegurarse que uno tiene verdadero dolor por sus pecados porque el dolor de sus pecados es el requisito principal para recibir el perdón de Dios. En el confesionario, el acto de contrición debe ser entonces una renovación del mismo, no recitado por primera vez. De lo contrario, el penitente corre el riesgo de posiblemente no tener dolor verdadero del pecado o de tener solamente un sentido vago del dolor y no un propósito firme de enmienda.

B. Recaer en pecados anteriores

No se debe concluir que una persona carecía de verdadera contrición si recae en las mismas faltas después de la Confesión porque el pecado tiende a ser habitual y a menudo se arraiga profundamente al comportamiento de una persona. La contrición es un acto de un momento y es absolutamente posible que los malos hábitos y un cierto afecto al pecado puedan causar una recaída, aunque a la hora de la Confesión hayamos resuelto firmemente no cometer ese pecado otra vez.

Las recaídas en el pecado mortal que surgen de una voluntad obstinada, sin embargo, no deben ser toleradas. Deben ser atacadas de raíz hasta que sean superadas. Pueden ser superadas enteramente si con persistencia recibimos dignamente los Sacramentos de la Confesión y de la Comunión y con oraciones persistentes y fervientes especialmente a la Santísima Virgen María, a través de su Santo Rosario por esta intención. Se garantiza que esta combinación funcionará bien si el penitente es realmente sincero y absolutamente persistente en estas devociones. **En el caso de impureza, puede ser necesario que el penitente tenga que confesarse y comulgar diariamente para poder así superar este pecado.** Nuestro Divino Señor nos dio la señal para el éxito de la superación de los pecados cuando dijo: "El reino de los cielos sufre violencia, y gente violenta intenta arrebatarlo" (*Mateo* 11:12). Es decir, uno tiene que recurrir a los extremos para superar ciertos tipos de pecado mortal para salvar su alma. ¡Y es apropiado hacerlo! Su confesor debe entender fácilmente e incluso aplaudirá un esfuerzo tan valeroso y determinado.

Después de los pecados mortales, uno debe trabajar con determinación para suprimir los pecados veniales. Pero recaer en pecado venial procedente de la inadvertencia, la sorpresa, la enfermedad y la debilidad de la naturaleza humana, puede que nunca sea superado en su totalidad, excepto por medio de un privilegio especial de Dios (Concilio de Trento, Sess. VI, Can. 23). San Francisco de Sales dice que si nos libramos de tales fallas quince minutos antes de la muerte, haremos bien.

III. PROPÓSITO DE ENMIENDA

El tercer requisito para una buena Confesión es un firme propósito de enmienda. Esto está conectado íntimamente con una sincera contrición, siendo su segundo elemento.

Un firme propósito de enmienda es una resolución de evitar, con la gracia de Dios, no sólo el pecado, sino también las peligrosas ocasiones de pecar. El propósito de enmienda debe ser firme, universal, eficaz y duradero. Es firme, cuando el penitente se dispone a evitar el pecado a cualquier costo. Como la contrición, el firme propósito de enmienda es universal, cuando se extiende a todos los pecados mortales; es eficaz, cuando el penitente se esfuerza seriamente en corregir sus malos hábitos y evita toda ocasión próxima o cercana de pecado, y es duradero, cuando no es solamente un sentimiento pasajero.

A. Ocasión de pecado

Una ocasión de pecado es cualquier persona, lugar o cosa que pone a una persona en peligro de cometer un pecado. La Santa Biblia nos advierte: "Quien ama el peligro perecerá en el" (Libro del Eclesiástico 3:27). La ocasión le lleva a uno al pecado o le presiona a uno a cometer un pecado. Por lo tanto, para evitar el pecado, también la ocasión de pecado debe ser evitada.

Hay cuatro clases de ocasión de pecado:

1) Ocasiones cercanas, en las que uno generalmente cae en pecado.
2) Ocasiones remotas, en las que a veces uno cae en pecado.

3) Ocasiones voluntarias, las que uno puede evitar si así lo quiere.
4) Ocasiones involuntarias, las que uno no puede evitar.

Una persona que no está dispuesta a evitar una ocasión cercana o voluntaria de pecado no está adecuadamente preparada para recibir la absolución y el perdón de sus pecados. Si el sacerdote está consciente de su disposición imperfecta, rechazará la absolución.

Las personas que son ocasión de pecado son aquellas en cuya compañía uno generalmente cae en pecado. Los lugares que son ocasión de pecado son esas localizaciones donde uno generalmente cae en pecado, tales como tabernas, teatros de mala reputación, playas públicas, salones de baile y todos los centros turísticos inmorales de cualquier clase. Las cosas que son ocasión de pecado son libros mal intencionados, imágenes indecentes, películas y videos inmorales o lascivos, canciones y chistes sugestivos, y cosas por el estilo. Nuestro Salvador dice sobre las ocasiones de pecado: "Que si tu mano o tu pie te es ocasión de escándalo o pecado, córtalos y arrójalos lejos de ti; pues más te vale entrar en la vida eterna manco o cojo, que con dos manos o dos pies ser precipitado al fuego eterno" (*Mateo*. 18:8).

B. Propósito de enmienda específico

Aunque un firme propósito de llevar una mejor vida en el futuro es suficiente para una Confesión digna, una resolución más específica será de más provecho. Cuanto más una persona resuelva combatir sus faltas de una manera positiva, más probable será su éxito. Su resolución será más eficaz. En lugar de decir: "En el futuro voy a evitar el pecado y practicar la virtud", uno debe decidir permanecer lejos de ese lugar o esa cosa en particular que lo lleva al pecado. Entonces, debemos también hacer esfuerzos definidos y positivos para superar los pecados habituales e incluso imponernos una pequeña penitencia que debemos realizar cuando nos demos cuenta que hemos fallado en un área en particular. Otro medio eficaz es practicar un cierto número de veces al día la virtud contraria al pecado para habituarse y disminuir la posibilidad de nuevamente ofender de esa manera.

La Oración, especialmente el Santo Rosario, debe siempre acompañar nuestros esfuerzos para superar nuestras faltas, ya que todo depende de la gracia de Dios. Esta gracia se obtiene por medio de la oración. Dios mismo nos dice: "Sin mí, nada podéis hacer" (*Juan* 15:5). Aunque una persona tenga dudas de una recaída debido a su debilidad, o incluso si en realidad recae, no es una indicación de que su propósito de enmienda no era sincero. Igual que la contrición, esto depende, como dijimos anteriormente, de su buena voluntad. Un firme propósito de enmienda no es ni un deseo simple ni un conocimiento positivo, sino una seria determinación de tratar de evitar el pecado en el futuro de la mejor forma que se pueda. La confianza firme en la ayuda de Dios cuando se presentan las dificultades es de inmenso valor al querer superar las tentaciones.

IV. CONFESIÓN Y ABSOLUCIÓN

A. La confesión de los pecados

La confesión es la cuarta condición requerida del penitente para el perdón de sus pecados. La palabra "confesión" proviene del latín "confessio," que significa reconocimiento o manifestación. La

Confesión Sacramental, por lo tanto, es la manifestación o el reconocimiento de los pecados a un sacerdote, quien está debidamente autorizado por el obispo de la diócesis con el propósito de perdonar en la Confesión.

El Sacramento de la Penitencia es un sacramento de misericordia. Debe realizarse con confianza y paz en el corazón. Tiene dos componentes:

1) La confesión propiamente dicha, es decir, el penitente dice sus pecados.
2) La absolución o perdón impartida por el sacerdote.

Cualidades de una buena confesión

Una buena confesión debe ser humilde, sincera y completa.

Una confesión es humilde cuando el penitente se acusa de sus pecados con un sentido profundo de vergüenza y dolor y tiene sentimientos de un culpable turbado y humillado por la ofensa que ha cometido contra Dios.

Una confesión es sincera cuando el penitente dice sus pecados honesta, veraz y sencillamente; como él mismo los ve, sin exagerar o excusarse.

Una confesión es completa cuando el penitente da a conocer todos los pecados mortales que recuerda después de hacer un diligente examen de conciencia, el número de veces cometidos y cualquier circunstancia que pueda cambiar la naturaleza del pecado. Esto significa que debe decir cualquier detalle en particular que haga al pecado más serio y que pueda constituir una nueva clase de pecado. Por ejemplo, robar es un pecado, pero robar a una Iglesia es un robo sacrílego. Robar diez dólares de una persona pobre es más grave que robar cien dólares de una persona adinerada. El falso testimonio y la calumnia son más graves que una simple mentira. Las acciones impuras, aunque son siempre pecados mortales (cuando se realizan con el completo consentimiento de la voluntad), asumen otro carácter cuando se cometen con otros; y en último caso, su gravedad se mide por el estado del cómplice, como por ejemplo si la persona es casada o soltera, si es del mismo sexo o del sexo opuesto, si es pariente o no.

Las circunstancias que agravan un pecado también deben ser mencionadas al sacerdote, por ejemplo, la satisfacción de odiar a otra persona en varias ocasiones y por un considerable período de tiempo. En el caso del escándalo, uno debe mencionar si una o varias personas fueron escandalizadas. Si se ha lesionado a otra persona, uno debe declarar si fue mucho o poco, así se haya hecho por descuido o deliberadamente. Si una ocasión de pecado todavía continúa, este hecho debe ser mencionado, e igualmente, si un mal hábito se ha confesado a menudo y nunca se ha corregido.

El penitente también debe ser prudente, es decir, no debe dar a conocer la identidad de la persona referida en sus pecados, debe evitar los detalles superfluos y expresarse en una forma modesta como la naturaleza del pecado lo permita. Cuando se hace una buena confesión, el sacerdote generalmente no encuentra necesario hacer preguntas; pero si pregunta algo, se debe contestar clara y verazmente. Si la persona encuentra difícil mencionar un pecado, simplemente debe decírselo al sacerdote, quien siempre estará dispuesto a ayudarlo.

Si el penitente honestamente se olvida de confesar uno o más pecados mortales, estos pecados se perdonan cuando el sacerdote le da la absolución y el penitente puede recibir la Santa Comunión. Sin embargo, debe confesar estos pecados mortales olvidados en su próxima Confesión si estos vienen a su mente.

Confesión de pecados veniales

La confesión de pecados veniales no es requerida para la integridad de la Confesión porque pueden ser perdonados de otras maneras, como por ejemplo, ayudando devotamente en la Santa Misa, con una Comunión ferviente o con un acto de caridad. Con todo, si un penitente tiene pecados mortales que confesar, es siempre bueno y útil también mencionar por lo menos algunos pecados veniales. Confesarlos demuestra odio a todos los pecados. Además, a veces es difícil para una persona distinguir entre un pecado mortal y uno venial, por lo tanto, en caso de duda uno debe mencionarlos. El Sacramento de la Penitencia perdona todos los pecados veniales por los cuales uno está verdaderamente arrepentido, sean estos mencionados o no; también quita, por lo menos en parte, el castigo temporal debido a ellos y, da además la gracia y la fuerza para resistir tentaciones. Por estas razones, es recomendable confesar los pecados veniales, junto con cualquier pecado mortal que uno necesite confesar.

En el caso de los pecados que son dudosamente mortales, es mejor confesarlos para tener paz en la conciencia. Para uno cuya conciencia es poco estricta, es imprescindible confesarlos porque generalmente no está juzgando sus pecados correctamente. Tales personas pueden engañarse en cuanto a la gravedad del pecado. Los que tienen una conciencia escrupulosa deben seguir terminantemente lo que aconseja un confesor ortodoxo bueno con respecto a los pecados que son dudosamente mortales.

Confesión sacrílega

Encubrir deliberadamente, es decir, omitir de su Confesión un pecado mortal o falsificarlo y hacerlo que parezca menos grave de lo que realmente es, es mentir al Espíritu Santo, cuyo lugar ocupa el confesor. No sólo tal Confesión será inválida y ninguno de los pecados confesados será perdonado, sino que además, se incurrirá en la terrible culpabilidad del sacrilegio. Una Confesión sacrílega es a menudo seguida de una Comunión indigna, lo cual constituye otro sacrilegio. Otras Confesiones y Comuniones sacrílegas pueden entonces continuar muy fácilmente. Una persona en tal estado, que continúe recibiendo la Comunión y/o haciendo malas Confesiones, estará acumulando pecado sobre pecado y estará en el grave peligro de incurrir en la penosa ceguera espiritual y en la indescriptible angustia mental de una conciencia torturada, además, por supuesto, de la condenación eterna.

El único remedio para una mala Confesión, o una serie de malas Confesiones, es una buena Confesión general, cubriendo todo el tiempo desde la última Confesión dignamente realizada. Tal Confesión debe incluir el pecado mortal o los pecados mortales ocultos en la Confesión indigna, la razón porqué los ocultó, cualquier otro pecado mortal que debió haber sido confesado en esa Confesión, y todas las malas Confesiones y las indignas Comuniones, más cualquier otro pecado mortal cometido desde la Confesión mala original. Si una persona tiene dificultad con esta Confesión general, debe decir al sacerdote: "Padre, yo hice una mala Confesión. Ayúdeme por favor". El sacerdote ayudará a la persona a recordar todo lo necesario.

Aparte de su gravedad, no hay nada más absurdo como ceder a la falsa vergüenza y hacer una mala Confesión. Una persona se pone de esta manera en peligro de la condenación eterna, porque si muere en este estado, sin arrepentirse de acuerdo a los requisitos de la Ley de Dios, estará eternamente perdido. Para obtener perdón sacramental de cualquier pecado mortal oculto, este debe ser dado a conocer tarde o temprano en la Confesión. Además, se dará a conocer en el Día del Juicio al mundo entero para vergüenza y humillación del pecador condenado. Por otra parte, si el pecado se ha confesado humildemente y el alma se salva, esta humildad aumenta la gloria de la misericordia infinita de Dios y la recompensa eterna del alma. Aquí en la tierra, la conciencia de la persona se sentirá a gusto, la paz y la gracia de Dios tomarán posesión de su alma y podrá esperar nuevamente con confianza la recompensa eterna prometida a los que aman a Dios.

En la Confesión, los pecados se dan a conocer al representante de Dios, quien está obligado por el sello inviolable del secreto y quien en muchos casos ignora enteramente la identidad del pecador. Si un pecado mortal se oculta por cualquier razón, el penitente no tendrá paz en su conciencia, sentirá angustia en su alma y esto le puede llevar a tener un desorden nervioso, desesperarse, suicidarse y eternamente condenarse. ¡Qué podría entonces ser más absurdo que ocultar pecados mortales en la Confesión!

Confesión general

El tema de la Confesión indigna lleva naturalmente a considerar las Confesiones generales. Una Confesión general puede cubrir toda la vida de uno o solamente cierta parte. Hacer tal Confesión puede ser obligatorio, útil o dañino, dependiendo de las circunstancias.

Una Confesión general es necesaria y obligatoria para todos aquellos que han hecho una o más Confesiones sacrílegas, según lo explicado arriba; es decir, si por miedo, vergüenza o malicia han ocultado voluntariamente o deformado esencialmente un pecado o pecados mortales, o el número de pecados mortales. Una Confesión general también es obligatoria para cualquier persona que ha hecho a sabiendas una mala Confesión o malas Confesiones de otras maneras, como por ejemplo, confesándose sin dolor sobrenatural o sin un firme propósito de evitar el pecado y las ocasiones próximas de pecado. Sin embargo, la persona debe estar claramente consciente de haber fallado de esta manera. Porque si ha tomado los pasos ordinarios para asegurarse de una disposición apropiada, tiene derecho a creer que realmente tuvo esta disposición, ya que Dios ha prometido dar Su gracia a todos los que realmente la buscan.

Otras maneras en las cuales las Confesiones indignas pueden realizarse son las siguientes: Cuando el penitente no se propone sinceramente rectificar tanto como sea posible el grave daño a la propiedad o la reputación de otro; cuando no se reconcilia con un enemigo o se perdona sinceramente; cuando no se renuncia a la afiliación de sociedades secretas, cuando no se renuncia a prácticas o relaciones que son ocasión de pecado mortal. Todos estos penitentes son indignos de absolución, y si el sacerdote está consciente que carece de la propia disposición, la rechazará. Si el sacerdote es engañado, sin embargo y él imparte la absolución a una persona indigna de recibirla, esta absolución no tiene ningún valor. El penitente está obligado bajo pena de condenación a reparar cualquier Confesión mal hecha con una buena Confesión. Si alguien necesita una Confesión general, no debe posponerla, porque la muerte puede venir en cualquier momento y sellar la condenación eterna del alma.

Una Confesión general es útil para aquellos que desean comenzar una nueva vida y servir a Dios más fiel y fervientemente. La experiencia enseña que después de una buena Confesión general, muchas personas llevan vidas más fervientes y más virtuosas. San Francisco de Sales dice sobre la Confesión general: "Nos da un conocimiento más completo de nosotros mismos; nos llena de una vergüenza sana a vista de nuestros pecados; calma nuestra mente de ansiedad y da paz a nuestra conciencia; suscita en nosotros buenas resoluciones; nos muestra la maravillosa paciencia y misericordia que Dios nos tiene; permite al confesor dirigirnos sin riesgos; y finalmente, agranda nuestro corazón, de modo que después podamos siempre hacer nuestra Confesión con mayor confianza".

Una Confesión general es útil y recomendada para aquellos que van pronto a casarse o entrar a la vida religiosa o eclesiástica o que están a punto de asumir un cargo importante, etc. Es también útil para todos los que deseen prepararse seriamente para la muerte. Muchos buenos cristianos participan en un retiro anual en el cual hacen una Confesión general que cubre el año anterior. Esto tiende a aumentar la humildad del alma y ayuda a evitar una repetición de las mismas faltas durante el año que viene.

Una Confesión general puede ser dañina, sin embargo, para aquellos que son excesivamente escrupulosos. Estas personas no deben hacer una Confesión general sin el permiso expreso de su confesor, porque una Confesión general puede aumentar su mal. Deben simplemente obedecer a su confesor y hacer frecuentemente actos de contrición, amor y confianza en Dios.

Confesión frecuente

La Confesión semanal, quincenal, o aún mensual, pero nunca un período más largo que este, se considera como una Confesión frecuente. El propósito de la Confesión frecuente es ayudar al alma a lograr un alto nivel de perfección, así como preservar y aumentar la Gracia Santificante. Esto implica retirar las fallas que le impiden crecer en virtud. El tema de la Confesión frecuente generalmente no es el pecado mortal, aunque aquellos que se confiesan a menudo pueden ocasionalmente caer en pecado mortal. Sin embargo, la Confesión frecuente se refiere generalmente solo a pecados veniales, por lo tanto, los pecados que uno no necesita confesar a menos que uno lo desee.

Como ya se dijo, el pecado venial puede ser borrado por medios tales como un acto de amor, un acto de paciencia, una aspiración ferviente, etc., pero el Concilio de Trento enseña que los pecados veniales se pueden confesar con beneficio para el alma, porque el Sacramento de la Penitencia contiene el poder que proviene de Cristo de remitirlos. Este poder sacramental no sólo borra los pecados en sí mismos, sino que también cura el alma de los efectos malignos que estos dejan de una manera más eficaz que los medios no-sacramentales lo hacen. Y lo hace en primer lugar, perdonando una gran parte del castigo temporal.

Otras ventajas de la Confesión frecuente son las siguientes: Da al alma un conocimiento más completo de sí misma. Purifica la conciencia cada vez más. Combate la debilidad y la tibieza. Arranca el apego a las cosas terrenales. Somete y regula las pasiones y deseos. Corrige los malos hábitos. Todo esto es de gran importancia para una persona que se está esforzando en llegar a la perfección. Además, la Confesión frecuente da al alma un nuevo vigor y le impulsa a esforzarse más seriamente en entregarse a Cristo y a las cosas sagradas. La Confesión frecuente fortalece la voluntad y, finalmente, concede al alma el derecho a la Gracia Sacramental necesaria para superar malos hábitos y tentaciones.

La Confesión frecuente también da pie para hacer actos de arrepentimiento y propósitos de enmienda y esto con mayor fervor y rigurosidad que en otras ocasiones. La Confesión de las fallas específicas de uno, es en sí mismo un acto de reparación, que de otra manera nunca se haría. Además, da al confesor más y mejor información sobre cómo dirigir su alma.

La Confesión frecuente indica un esfuerzo sincero para alcanzar la perfección y pureza del corazón. La persona tibia e indiferente se beneficia poco de la Confesión frecuente, pero para la que haga un esfuerzo serio por mejorar, sea el asunto mortal o venial, la Confesión siempre será necesaria y de gran alcance para este fin. Las almas que son sensibles a la más leve infidelidad hacia Nuestro Señor, siempre están rápidas y ansiosas para aprovechar los beneficios de la Confesión frecuente. Esta es la razón por la cual los santos se confiesan tan a menudo. Santo Tomás de Aquino (1225–1274) fue a confesarse diariamente, al igual que San Vicente Ferrer (1350–1419); San Antonio

María Claret (1807–1870) iba tres o cuatro veces a la semana.

Problemas de la Confesión frecuente

Sin embargo, hay que tener cautela con ciertos peligros y dificultades que pueden ocurrir en la Confesión frecuente porque siempre hay riesgo de caer en un comportamiento rutinario. El penitente debe reconocer su inhabilidad (sin la ayuda de Dios) de llevar una vida conforme a la voluntad de Dios y debe implorar la ayuda del Espíritu Santo. Siempre debe haber en su corazón una disposición de odio al pecado, una guerra constante contra el pecado, un espíritu de penitencia y expiación y un amor ferviente a Dios.

En el examen de conciencia, el penitente debe esforzarse en descubrir sus fallas habituales, las que son más voluntarias y desagradables a Dios, y por tanto un obstáculo mayor para su crecimiento espiritual, en lugar de intentar buscar cada pequeña falla o defecto. Para que una Confesión sea válida, debe haber un verdadero arrepentimiento, como lo dijimos anteriormente. Consecuentemente, el penitente debe estar arrepentido de al menos uno de los pecados veniales confesados. Es mejor siempre incluir en la Confesión un pecado mortal de su vida pasada que ya se haya confesado y perdonado, para asegurar la sinceridad de su contrición y para asegurarse que hay materia para la absolución.

B. Absolución del sacerdote

La absolución es la "fórmula" (una palabra técnica en teología para describir las palabras esenciales de un Sacramento) que el sacerdote pronuncia sobre el penitente mientras (o después) que el penitente dice su acto de contrición. Por medio de la absolución, pronunciada por el sacerdote en la Confesión, los pecados del penitente le son perdonados y su amistad con Dios es restaurada. La fórmula esencial del Sacramento, generalmente usada de manera corta solo en caso de emergencia, es la siguiente: "Yo te absuelvo de todos tus pecados, en el nombre del Padre y del Hijo ✠ y del Espíritu Santo. Amén". *Ego te absolvo ab omnibus censuris, et peccatis, in nomine Patris, et Filii,* ✠ *et Spiritus Sancti. Amen.* (*Ritual Romano.* Weller, Bruce Publishing, 1950, p. 310).

Hay también una fórmula más larga que ha sido ordenada por la Iglesia y que ha sido utilizada ordinariamente en el Rito Latino desde tiempos inmemoriales, aunque no todas las palabras de esta fórmula son esenciales para el sacramento. Esta fórmula es:

> Que Dios todopoderoso tenga misericordia de ti, perdone tus pecados, y te lleve a la vida eterna. Amén. Que el Señor Todopoderoso te conceda el perdón, la absolución ✠ y la remisión de tus pecados. Amén.
>
> Que Nuestro Señor Jesucristo te absuelva, y por su misma autoridad, yo te absuelvo de todo vínculo de excomunión, (la palabra "suspensión" es *usada en la absolución de sacerdotes*) y entredicho, en la medida que puedo y que tengas necesidad de ello. Finalmente, te absuelvo de tus pecados, en el nombre del Padre y del Hijo ✠ y del Espíritu Santo. Amén.
>
> Que la Pasión de Nuestro Señor Jesucristo, los méritos de la Santísima Virgen María y de todos los santos, cualquier bien que hayas hecho y mal que hayas sufrido, te ayuden para la remisión de tus pecados, acrecienten la gracia y la recompensa de la vida eterna. Amén.

Esta hermosa fórmula contiene la "fórmula esencial" del Sacramento, más mucho de lo que la Iglesia seriamente desea ver que el penitente ponga en práctica. Tiene además un valor sacramental, porque por ello: "El sacerdote da a nuestros sufrimientos, a nuestros actos de satisfacción, de expiación, de mortificación, de reparación y paciencia—que él así une al Sacramento—una eficacia especial que nuestra fe no debe dejar de considerar" (Dom Columba Marmion, O.S.B. En *Cristo, La Vida del Alma*). Esta fórmula del Sacramento nos enseña que Dios acepta no sólo los trabajos expiatorios que nosotros mismos realizamos voluntariamente, sino también, en virtud de los méritos de Cristo, todas las pruebas, pobreza, desgracias y sufrimientos que Cristo nos envía, con tal de que los llevemos pacientemente. Esta es la razón por la cual los escritores espirituales recomiendan la práctica del ofrecimiento de tales molestias y sufrimientos en conexión con la recepción del Sacramento de la Penitencia.

Pero acordémonos, también, que no sólo son estas pruebas aceptables para la expiación del castigo temporal, sino también para "acrecentar la gracia". ¡Tan generoso es Dios Todopoderoso que no puede perdonar nuestros pecados en el Sacramento de la Penitencia sin acrecentar la gracia al mismo tiempo! Además, estos sufrimientos benefician a la "recompensa de la vida eterna" como las palabras lo indican.

Tan pronto como el sacerdote pronuncia las palabras de la absolución, el Sacramento se cumple, y no importa lo serio que hayan sido los pecados confesados, todos los efectos maravillosos inherentes al Sacramento enumerados al principio de este librito, se producen en el alma con tal de que el penitente esté verdaderamente arrepentido, porque en ese momento Dios justifica al pecador derramándole Su gracia e impartiendo Su bendición.

V. REPARACIÓN

Aquí todavía hay que considerar el quinto requisito para una buena Confesión, que es la reparación, es decir, la penitencia que se realizará en expiación del castigo temporal debido al pecado. Debe ser entendido que en cada pecado hay un doble mal:

1) La culpa.
2) La ofensa contra Dios.

La culpa como tal se adhiere al pecador como una "mancha" en su alma, pero al mismo tiempo incurre en la obligación de reparar su ofensa contra Dios. Esta obligación es, por decirlo así, una deuda que ha contraído y debe pagar, aún después de que la culpa ha sido perdonada.

A. Penitencia sacramental

La justicia humana requiere que una lesión hecha a otra persona sea reparada. Quien roba debe restaurar la propiedad robada o su valor equivalente; quien insulta a otro debe disculparse; quien infringe una legislación nacional debe someterse a la pena impuesta por el juez. Así también es cuando uno infringe la Ley de Dios. En el caso del pecado mortal, la pena es condenación eterna. Una recepción adecuada del Sacramento de la Penitencia exonera al penitente del castigo eterno, pero deberá pagar un castigo temporal (pasajero) por los pecados mortales y veniales, porque el penitente ordinario rara vez tiene la disposición perfecta, indispensable para la exoneración completa del castigo. El sacerdote está por lo tanto obligado a imponer una penitencia al administrar el Sacramento, la cual deberá cumplir el pecador a conciencia.

Esta penitencia o "reparo sacramental" que generalmente consiste en algunas oraciones (o buenas obras a realizar), tiene un triple propósito:

1) Reparar la ofensa a Dios.
2) Expiar las penas temporales.
3) Proporcionar un remedio saludable para enmendar su vida.°

Debido a su carácter sacramental, la penitencia impuesta por el sacerdote tiene una eficacia especial no encontrada en penitencias voluntarias. Las siguientes reglas servirán como guía con referencia a esto: El penitente está obligado a aceptar la penitencia. Si parece ser demasiado severa, considerando la salud o la ocupación del penitente, o por cualquiera otra razón, puede explicar esto al confesor; o si es necesario, si encuentra luego que no puede cumplir con la penitencia, puede volver al confesor o aún consultar a otro sacerdote, pero debe entonces seguir el juicio prudente de ese sacerdote.

Omitir de manera voluntaria y negligente la penitencia impuesta en la Confesión, es un pecado mortal, o venial, según la importancia del asunto confesado. Descuidar una penitencia pequeña, omitir parte de una penitencia más grande o, realizar la penitencia negligentemente, es un pecado venial. Si se comete una falta venial al realizarla, no es necesario repetir la penitencia.

Si el penitente se olvida de la penitencia impuesta y piensa que el confesor probablemente la recuerde, puede (aunque esto no es obligatorio) volver al confesionario y preguntar de qué se trataba. O puede pedir una nueva penitencia en la siguiente Confesión o, realizar una penitencia por su propia cuenta, aunque esto probablemente no será tan eficaz como la penitencia sacramental, y deberá mencionarlo en la siguiente Confesión. Si el sacerdote se olvida de dar una penitencia, el penitente deberá recordarlo mientras esté todavía en el confesionario.

La penitencia se debe realizar cuanto antes, aunque no es necesario hacerla antes de salir de la Iglesia o antes de ir a la Santa Comunión. Pero debe ser realizada antes de la siguiente Confesión. Si se omite, el sacramento sigue siendo incompleto, pero no inválido.

Además de realizar la penitencia impuesta en la Confesión, si el penitente injustamente ha lastimado o escandalizado a alguien en sus bienes o en su reputación, debe también restaurar cuanto antes posible los bienes, reparar la lesión o remediar el escándalo.

B. Penitencia voluntaria

El penitente, sin embargo, no debe estar satisfecho simplemente ejecutando la penitencia impuesta por el sacerdote. Las almas fervientes siempre deben estar deseosas de emprender penitencias voluntarias para reparar el pasado y evitar la satisfacción que inevitablemente se debe hacer después de la muerte, en el purgatorio. Los principales medios voluntarios de reparación son: Oración, ayuno, limosna, todas las obras espirituales y corporales de misericordia y la resistencia paciente de los sufrimientos de la vida, según lo explicado anteriormente.

C. Indulgencias

La Iglesia también tiene entre su tesoro de méritos y regalos, las *indulgencias*, las cuales borran el castigo temporal debido a los pecados. Estas pueden ser *plenarias*, que perdonan todo el castigo o *parciales*, que perdonan tanto castigo como hubiese sido perdonado cumpliendo una penitencia severa por el tiempo especificado en la indulgencia.*

Las indulgencias son más eficaces al reparar el castigo temporal debido al pecado. Se ganan generalmente al decir ciertas oraciones, al realizar obras piadosas específicas, al usar ciertos artículos de devoción, al visitar ciertos lugares o ser miembros de ciertas organizaciones religiosas. Muchas oraciones, de acuerdo con normas tradicionales para ganar indulgencias, están enriquecidas con indulgencias plenarias (cuando están acompañadas por los otros requisitos para ganar una indulgencia plenaria, por supuesto, como son la Santa Comunión ese día, la Confesión una semana antes

---

* La norma tradicional para conceder indulgencias parciales solía indicar un número definido de días o años por las oraciones recitadas, etc. Estos indicaban el perdón a ganarse equivalente a lo que uno obtendría por esos días o años de penitencia realizada.—*Editor, 2000.*

o después, el desapego al pecado y las oraciones por las intenciones del Santo Padre). Si la obra necesaria para ganar indulgencias es algo difícil, es mucho más merecedora.

Capítulo 3

CÓMO HACER UNA BUENA CONFESIÓN

I. EXAMEN DE CONCIENCIA

A. Oración inicial

Dios, Padre de luz, que iluminas a cada uno de los que vienen a este mundo, dame luz, amor y arrepentimiento, para que pueda descubrir, detestar y confesar todos los pecados que he cometido.

Espíritu Santo, Espíritu de amor y dispensador de todas las gracias, ayúdame a recibir este gran Sacramento dignamente; dame Tu gracia para que pueda hacer un prudente examen de conciencia y descubrir mis pecados; toca mi corazón para que pueda odiarlos y detestarlos y ayúdame a evitar firmemente el pecado en el futuro. Espíritu de amor y de verdad, ayúdame a hacer con Tu representante, el sacerdote, una Confesión sincera, entera y veraz y obtener así Tu perdón, Tu gracia y Tu amor.

Jesús, mi Redentor, por Tus méritos santísimos, concédeme la gracia de una sincera contrición y una enmienda de vida. Te pido la gracia de hacer bien esta Confesión para que pueda glorificarte.

Santísima Virgen María, Madre de mi Salvador y Madre mía, tú que eres tan compasiva hacia los que desean arrepentirse, ayúdame a acordarme de todas mis ofensas y a estar verdaderamente arrepentido por haber ofendido a Dios.

Mi querido Ángel de la Guarda, tú que has sido testigo de mis pecados, ayúdame ahora a recordarlos y a arrepentirme verdaderamente de ellos. A todos ustedes, Santos y Ángeles del cielo, recen por mí para que pueda ahora producir frutos, dignos de la penitencia que me será impuesta. Amén.

B. Puntos para el examen de conciencia

¿Cuándo fue mi última Confesión? ¿Estaba verdaderamente arrepentido? ¿Encubrí algún pecado mortal, cometiendo así un sacrilegio? ¿Recibí la Santa Comunión después de una mala Confesión? ¿Recibí la Santa Comunión en estado de pecado mortal? ¿Cuántas veces he recibido los Sacramentos indignamente? ¿Me olvidé de algún pecado mortal en mi última Confesión? (Debe ser confesado en esta Confesión.) ¿Realicé mi penitencia? ¿Hice la restitución necesaria? ¿Reparé los daños hechos a la reputación de otra persona? ¿He tratado de evitar las ocasiones cercanas al pecado?

Los Diez Mandamientos de Dios

1) Yo soy el Señor, tu Dios. Amarás a Dios sobre todas las cosas.

He: ¿Negado mi religión? ¿Hablado en contra de ella o de sus ministros? ¿Dudado sobre cualquier artículo de fe? ¿Me he afiliado a una sociedad secreta prohibida? ¿Participado en servicios de una iglesia que no sea católica? ¿Leído libros, documentos, etc., que menosprecian la moralidad, se burlan de la virtud o causan dudas sobre las enseñanzas de la Iglesia? ¿Me he desesperado o presumido de la misericordia de Dios al continuar por un largo tiempo en pecado mortal? ¿Tenido cualquier cosa que ver con las prácticas supersticiosas como las cadenas de oración, adivinos del futuro, espiritismo, tablero de Ouija, etc.? ¿Me he quejado o murmurado contra Dios o Su Providencia? ¿Rechazado a resignarme a Su voluntad? ¿Descuidado mis oraciones diarias? ¿Rezado sin la debida atención, con distracciones voluntarias? ¿Sido irreverente con el Santísimo Sacramento o en el uso de los Sacramentales como el agua bendita, la Señal de la Cruz, etc.? ¿Usado palabras de la Escritura en broma? ¿No he podido mantener las promesas o votos hechos a Dios?

2) No tomarás el nombre de Dios en vano.

He: ¿Utilizado el nombre de Dios o de Jesús al maldecir? ¿Al jurar? ¿En broma? ¿He hecho un hábito de esto? ¿He sido culpable de pensamientos, palabras o escritos blasfemos? ¿Deseado el mal a otros o les he maldecido? ¿Pedido a Dios que les maldiga? ¿Animado a otros a utilizar lenguaje profano?

3) Santificarás las fiestas (domingo).

He: ¿Faltado a propósito a Misa, el domingo o fiestas de guardar?* ¿Llegado tarde por mi propia

* Las fiestas de guardar en los Estados Unidos son: 1° de enero, La Circuncisión de Nuestro Señor; cuarenta días después de la Pascua, la Ascensión de Nuestro Señor; agosto 15, la Asunción de la Santísima Virgen; 1° de noviembre, el Día de Todos los Santos; diciembre 8, la Inmaculada Concepción de la Virgen María y, 25 de diciembre, la Navidad.

culpa y faltado a una parte importante de la Misa? ¿Me he comportado mal en la Iglesia? ¿Causado a que otros lo hagan? ¿Realizado trabajo servil innecesario por un considerable tiempo en tales días (más de 2 o 3 horas)? ¿Los he profanado bebiendo o apostando excesivamente o manteniendo compañías pecaminosas o frecuentando diversiones pecaminosas?

4) Honrarás a tu padre y a tu madre.

Niños

He: ¿Sido desobediente, desagradecido o testarudo con mis padres, profesores o sacerdotes? ¿Deseado serio daño a mis padres o deseado que estén muertos? ¿Usado un lenguaje ofensivo con ellos? ¿Me he resentido o he tenido mala voluntad? ¿Los he hecho enojar con mi mala conducta? ¿Desobedecido cuando me prohíben que esté con malas compañías, vaya a espectáculos indebidos o lugares peligrosos? ¿Fallado en ayudarlos por su avanzada edad, enfermedad o pobreza? ¿Negado a realizar su última voluntad? ¿Descuidado en rezar por el descanso de sus almas? ¿Incumplido las leyes civiles? ¿Desobedecido la autoridad legal?

Empleados

He: ¿Fallado llevando a cabo las órdenes de mi empleador? ¿Fomentado la discordia? ¿Fallado en respeto u honradez?

5) No matarás (Esto incluye también lesiones al alma y poco caritativas).

He: ¿Sido culpable de la muerte o lesión corporal de alguien a causa de un acto, participación, instigación, consejo o consentimiento? ¿Destruido la vida del nonato? ¿Deseado la muerte o desgracia a otra persona? ¿Me he dejado llevar por la cólera y la pasión? ¿Tratado mal a otros? ¿Estado enemistado con otros? ¿Rechazado hablarles? ¿Considerado voluntariamente pensamientos de odio, venganza, celos, aversión, resentimiento o desprecio hacia otros? ¿Hecho enojar a otros? ¿Perjudicado las almas de otros por medio de escándalos o poniendo tentaciones en sus caminos? ¿Me he dejado llevar por el resentimiento y el mal humor? ¿Demostrado sensibilidad y sentimientos heridos sobre cosas insignificantes? ¿Aprobado o alentado el enojo de otros? ¿Tratado de suicidarme o contemplado pensamientos al respecto? ¿Participado en o consentido la eutanasia? ¿Comido o bebido en exceso? ¿Me he intoxicado? ¿Abusado de las drogas? ¿Sido responsable de que alguna persona muera sin la ayuda de un sacerdote y el suministro de los servicios religiosos? ¿Enviado o aconsejado a padres que envíen a sus hijos a una escuela en donde su fe o moral católica puedan estar en peligro?

6) No cometerás actos impuros.

9) No consentirás pensamientos ni deseos impuros.

He: ¿Cometido actos impuros solo o con otros? ¿Con una persona soltera o casada? ¿De mi sexo o del sexo opuesto? ¿Con un pariente? ¿Me entretengo placenteramente con pensamientos impuros? ¿O los consiento en mi corazón? ¿Deseado voluntariamente ver o hacer cualquier cosa impura? ¿Usado un lenguaje impuro, alusiones o palabras de doble significado? ¿Cuántos escuchaban? ¿He escuchado con placer y voluntariamente un lenguaje impuro? ¿Cantado o escuchado canciones indebidas? ¿Realizado acciones impuras o indecentes conmigo mismo o con otros? ¿Me he jactado de mis pecados? ¿Leído libros inmorales?

¿Los he prestado o vendido a otros? ¿Escrito cosas indebidas? ¿Mirado objetos o fotos indebidas intencionalmente y con placer o las he mostrado a otros? ¿Me he expuesto voluntariamente a la tentación por la curiosidad? ¿Frecuentado malas compañías o lugares peligrosos? ¿Con diversiones pecaminosas? ¿Con bailes atrevidos? ¿Viendo juegos o películas indecentes? ¿Sido culpable de familiaridades indebidas o besos pecaminosos? ¿Mantenido la compañía de una persona casada? ¿Mantengo ahora una compañía pecaminosa? ¿Me he vestido indecentemente? ¿Sido la causa de tentación a la pureza de otros por mi vestido indecente, libertad de expresión o modales? ¿He llevado deliberadamente a otros al pecado? ¿He participado en sus pecados? (Las circunstancias que cambian la naturaleza del pecado, como si está casado o soltero, el género, si es pariente, etc., deben ser mencionadas en la Confesión de estos pecados.) ¿He sido culpable de pecados en contra de las obligaciones del matrimonio? ¿Utilizado anticonceptivos o los anticonceptivos "abortivos", o me he esterilizado? ¿Animado, aconsejado o dado instrucciones a otros a que cometan estos pecados? ¿Fallado en enseñar a mis hijos sobre la castidad?

7) No robarás.

10) No codiciarás los bienes ajenos.

He: ¿Robado dinero? ¿Cuánto? ¿Robado otros artículos? ¿De quién (pobre, rico, Iglesia, padres)? ¿He devuelto artículos robados o restituido su valor? ¿He comprado o aceptado artículos a sabiendas de que son robados? ¿Dañado la propiedad de otra persona de cualquier manera? ¿Me he descuidado en pagar tal daño? ¿Me he negado a devolver las cosas prestadas? ¿Guardado las cosas encontradas sin hacer el suficiente esfuerzo para encontrar al dueño? ¿Engañado? ¿Circulado dinero sin valor? ¿Trabajado negligentemente? ¿Perdido tiempo en el trabajo? ¿Malgastado mis bienes? ¿Perjudicado a mi familia derrochando el dinero en cosas tales como consumo excesivo de alcohol, juego, etc.? ¿Buscado las cosas terrenales ansiosamente? ¿Deseado robar o cometer una injusticia? ¿Formado parte en un robo o injusticia a otra persona? ¿Ocultado o compartido objetos robados?

8) No darás falso testimonio, ni mentirás.

He: ¿Dado evidencia falsa en un tribunal de justicia? ¿Dicho deliberadamente una mentira para engañar a otro? ¿Dicho mentiras que han causado daño a la reputación y al buen nombre de otra persona? (Esto es pecado de calumnia.) ¿Dado a conocer las fallas verdaderas pero secretas de otra persona sin necesidad? (Esto es pecado de detracción.) ¿Escuchado tales alocuciones? ¿Causado malos sentimientos al relatar cuentos? ¿Juzgado o sospechado de otros imprudentemente? ¿Leído cartas de otros violando así su derecho a la privacidad? ¿Sido culpable de palabras poco caritativas? ¿Me he descuidado en reparar el daño hecho por mis palabras pecaminosas? ¿He hablado contra un sacerdote o cualquiera otra persona consagrada a Dios? (Esto es un sacrilegio.) ¿He halagado a otros por sus pecados y malos hábitos? ¿He sido hipócrita y fingido ser virtuoso? ¿Firmado papeles o documentos falsos? ¿Atribuido malas intenciones a otros cuando no podría estar seguro de sus intenciones?

Los Preceptos de la Iglesia

1. Participar en la Misa y abstenerse de trabajo servil todos los domingos y fiestas de guardar.
2. Ayunar y abstenerse de comer carne en los días designados por la Iglesia.
3. Confesar sus pecados por lo menos una vez al año.
4. Recibir dignamente la Santa Eucaristía en Pascua de Resurrección o dentro del tiempo designado.
5. Ayudar a la Iglesia.
6. No casarse con personas dentro de los grados prohibidos de consanguinidad o prohibidos de otra manera por la Iglesia; no celebrar el matrimonio en tiempos prohibidos y, en general, observar las leyes de la Iglesia referente al matrimonio.

He: ¿Fallado no asistiendo a Misa los domingos y fiestas de guardar o lo he hecho sin la reverencia y dedicación debidas?* ¿Realizado trabajo servil

* Las fiestas de guardar en los Estados Unidos son: 1° de enero, La Circuncisión de Nuestro Señor; cuarenta días después de la Pascua, la Ascensión de Nuestro Señor; agosto 15, la Asunción de la Santísima Virgen; 1° de noviembre, el Día de Todos los Santos; diciembre 8, la Inmaculada Concepción de la Virgen María y, 25 de diciembre, la Navidad.

innecesario en esos días? ¿Fallado en confesarme por lo menos una vez al año? ¿No he recibido la Santa Comunión durante el tiempo de Pascua? (septuagésimo domingo hasta el domingo de la Trinidad, es decir, del tercer domingo antes del Miércoles de Ceniza hasta el domingo después de Pentecostés). ¿Recibido la Santa Comunión en estado de pecado mortal? ¿Fallado al observar los mandamientos de ayuno y abstinencia sin razón legal o dispensación apropiada? ¿No he contribuido a la Iglesia según mis medios? ¿Planeado "casarme" o fingido entrar en estado de matrimonio ante un ministro o magistrado civil? (Es decir, ¿he entrado en una unión inválida llamada "matrimonio" fuera de la Iglesia?) ¿Aprobado que otros católicos hagan esto? ¿Actuado como testigo para que otros entren en tal "unión"? ¿Me he casado dentro de los grados prohibidos de parentesco?

Los siete Pecados Capitales

Soberbia, Avaricia, Lujuria, Ira, Gula, Envidia y Pereza.

He: ¿Sido orgulloso o vanidoso en cuanto a mi apariencia, talento, familia, ropa, buenas obras, etc.?

¿Me he jactado de estas cosas? ¿Buscado halagos y aplausos de otros? ¿Evitado hacer buenas obras por temor a lo que otros puedan pensar? ¿Me he entristecido del bien espiritual o temporal de otra persona? ¿Comido o bebido en exceso? ¿Llegado a estar excesiva e injustamente enojado? ¿Me he dejado llevar por la impaciencia, el fastidio, el mal humor o el descontento? ¿Descuidado mis deberes (incluyendo los espirituales) o los he realizado sin entusiasmo y con pereza? ¿Buscado solamente mi propio gusto? ¿Llevado una vida sin mortificación, malgastando el tiempo en ociosidades y ocupaciones inútiles? ¿He recibido placer sexual ilegal (impuro) en obra o pensamiento? ¿Sido deliberadamente celoso de otros? ¿Permitido que los celos de otros se demuestren en mi conducta? ¿Buscado los bienes de este mundo con excesivo esfuerzo? ¿Sido mezquino hacia los pobres?

Las obligaciones de cada estado de vida

Para personas casadas

He: ¿Vivido en paz y unión? ¿Dado motivo para celos? ¿Observado las leyes de pureza según el estado matrimonial? ¿Abusado del estado del santo

Matrimonio? ¿Provocado escándalo por medio de discusiones? ¿Abandonado a mi esposo y vivido por separado sin justa causa? ¿Descuidado mi deber de ayudar y cuidar a mis hijos y al hogar?

Para padres

He: ¿Descuidado la educación religiosa de mis hijos? ¿Fallado en enviarlos a buenas escuelas católicas cuando pude haberlo hecho? ¿Les he enviado a una escuela en donde su fe o moral católica fue puesta en peligro? ¿Descuidado vigilar las amistades que tienen? ¿Las cosas que leen? ¿Los programas que ven? ¿Los he escandalizado maldiciendo, peleando, o de alguna otra manera? ¿He fallado en corregirlos? ¿Interferido egoístamente con la vocación de un hijo o de una hija?

Para empleadores

He: ¿Fallado en darles la oportunidad de cumplir con sus deberes religiosos a aquellos que trabajan para mí? ¿Les he ordenado que hagan alguna cosa indebida? ¿Que sean deshonestos, tramposos, etc.? ¿Les he pagado salarios injustos?

Para funcionarios públicos

He: ¿Sido fiel y exacto en el desempeño de mis obligaciones? ¿Traicionado el interés público por miedo a la opinión de otros, deseo de popularidad o interés político o financiero? ¿Sacrificado los derechos de algún individuo? ¿Permitido que el crimen y el desorden queden impunes? ¿De qué manera y cuantas veces? ¿Recibido sobornos directa o indirectamente? ¿Permitido que me influencien en la administración de justicia o en mis funciones públicas por medio de promesas o amenazas? ¿Sido culpable de malversación de fondos públicos? ¿Me he enriquecido o he enriquecido a mis amigos mediante contratos injustos? ¿Aplicado mi poder oficial para vengarme? ¿Favorecido a mis amigos injustamente?

Para médicos

He: ¿Asumido el cuidado de personas seriamente enfermas sin el suficiente conocimiento o experiencia? ¿Me he arriesgado imprudentemente con medicinas peligrosas? ¿Hecho incurrir en gastos innecesarios? ¿Quitado intencionalmente la vida de un niño nonato? ¿Asistido, aprobado o aconsejado a alguna persona a que lo haga? ¿Realizado o aconsejado cirugías prohibidas, como son las esterilizaciones? ¿Extendido prescripciones para anticonceptivos o "anticonceptivos abortivos"? ¿Cooperado a que otros lo hagan? ¿Fallado en advertir a aquellos en peligro de muerte para que puedan recibir los Sacramentos a tiempo? ¿Permitido negligentemente que un infante muera sin recibir el Bautismo? ¿Quitado la vida de cualquier paciente o evitado tomar las precauciones mínimas para preservar la vida de cualquier paciente?

Para abogados

He: ¿Defendido demandas a sabiendas que eran injustas? ¿Mantenido una defensa injusta? ¿De este modo obtuve una decisión injusta? ¿Dañado la causa justa de un cliente por medio de la traición, supina (ignorancia crasa), falta de estudio o negligencia? ¿Obtenido declaraciones juramentadas falsas por medio de estratagemas? ¿Cometido fraude en la elaboración de testamentos, escrituras, etc.?

Las obras de misericordia espirituales y corporales

He: ¿Fallado en aliviar las necesidades temporales y espirituales de otras personas cuando estaba en mi poder el hacerlo? ¿Hice lo que pude para asistirles en la pobreza, enfermedad, edad avanzada o cualquier otra necesidad espiritual?

II. CONSIDERACIONES PARA SUSCITAR LA CONTRICIÓN

A. Enormidad del pecado

El pecado mortal es un grave insulto a Dios Todopoderoso y un desprecio formal a Su Santa Ley. No solamente ofendo a Dios y desprecio Su ley por medio del pecado mortal, sino que también peco en la misma presencia de ese Santo Dios que sabe todas las cosas y mantiene mis pensamientos y acciones más secretas. A causa del pecado mortal me aparto de la vida divina de Dios y alejo la Gracia Santificante de mi alma, me convierto en un enemigo de Dios y merezco el castigo eterno. Por el pecado de rebeldía, incontables ángeles fueron justamente echados a los tormentos eternos del infierno. Sin duda alguna en ese lugar de aflicción hay almas que no han cometido tantos pecados como yo. La hora de mi muerte puede no estar lejana. Dios en su misericordia ahora me da la oportunidad de arrepentirme. ¡Me arrepiento inmediatamente y con todo mi corazón!

Me arrepiento también de mis muchos pecados veniales porque con estos debilité mi amor a Dios y me predispuse al pecado mortal. Además, por ellos perdí la gracia de Dios y me hice merecedor del castigo temporal aquí en la tierra y en el purgatorio.

B. Beneficios que Dios nos brinda

¿Qué más podría hacer Dios por mí, de lo que Él ya ha hecho? Él me creó de la nada. Él me hizo a su imagen y semejanza. Me destinó para compartir su eterna felicidad. Me redimió con la Sangre Preciosa de Su Divino Hijo. Mientras que deja a millones en la infidelidad y la herejía, me hizo a mí un católico. Él me ha colmado de incontables beneficios en el orden de la naturaleza y la gracia. A pesar de mi ingratitud, me ha conferido muchos medios para mi salvación. "Oíd, ¡oh cielos!, y tú, ¡oh tierra!, presta toda tu atención, pues el Señor es quien habla. He criado hijos, dice, y los he engrandecido, y ellos me han menospreciado" (*Isaías* 1:2).

C. Amor de Jesucristo

En espíritu contemplé a mi querido Redentor colgado en la cruz. ¡Sus manos y pies sagrados están perforados con clavos! ¡Su cabeza está coronada con espinas! ¡Su cuerpo virginal está todo destrozado y ensangrentado! ¿Qué ha reducido al Cordero Inmaculado de Dios a este triste estado? ¡Mis pecados! ¡Fue por mí por quien se hizo hombre! ¡Para reparar mis pecados Él murió vergonzosamente! Cada vez que peco renuevo su pasión y muerte: "Crucifican de nuevo... al Hijo de Dios, y lo exponen al escarnio" (*Hebreos* 6:6).

III. ORACIONES PARA ANTES DE LA CONFESIÓN

Acto de contrición y propósito de enmienda

Señor mío Jesucristo, Dios y Hombre verdadero, Creador, Padre y Redentor mío, por ser Vos quien sos, bondad infinita, y porque os amo sobre todas las cosas, me pesa de todo corazón haberos ofendido; también me pesa porque podéis castigarme con las penas del infierno. Ayudado de Vuestra divina gracia, propongo firmemente nunca más pecar, confesarme y cumplir la penitencia que me fuere impuesta. Amén.

¡Oh, Dios ven en mi ayuda! ¡Señor, date prisa en ayudarme!

Oración ante un Crucifijo o una imagen de Jesús crucificado

Mírame, mi amado y buen Jesús, postrado a los pies de Tu divina presencia. Te ruego y suplico con gran fervor de mi alma, Te dignes grabar en mi corazón sentimientos vivísimos de fe, esperanza y caridad, arrepentimiento sincero de mis pecados y propósito firme de nunca más ofenderte. Mientras yo, con todo el amor y el dolor de que soy capaz, considero y medito tus cinco llagas, teniendo en cuenta aquello que dijo de ti, mi Dios, el santo profeta David: "Han taladrado mis manos y mis pies, y se pueden contar todos mis huesos" (*Salmos* 21:18).

Oración de Santa Gertrudis

Dulcísimo Jesús, que con Tu amoroso deseo de nuestra salvación has instituido el Sacramento de la Penitencia para el consuelo de todos los pecadores y para que por su virtud podamos ser limpiados de nuestros pecados y recuperar las gracias que hemos perdido; mírame, una pecadora muy desgraciada, que Te ha ofendido otra vez con muchos pecados y ha profanado su alma con muchas manchas y ahora vuelve una vez más a Ti resolviendo recibir este generoso Sacramento con la firme esperanza de encontrar el perdón y acusándome con profunda humildad y arrepentimiento del alma ante el sacerdote, Tu representante, de todos y de cada uno de mis pecados, en cuanto los pueda traer a mi mente. No ocultaré intencionalmente ningún pecado mortal, a pesar de lo horrible y vergonzoso que sea.

Deseo incluir en esta Confesión todos esos pecados que no puedo ahora recordar y todos mis pecados veniales. Los confieso todos a Ti como mi Sumo Sacerdote y en presencia de toda la corte del cielo, confieso y me proclamo una pérfida miserable y traidora contra Su adorable Majestad.

Te suplico, entonces, Padre misericordioso que me mires, una pecadora desdichada, con los ojos compasivos con los que viste a Tu Hijo cuando Él se cayó en el Huerto de Olivos, indignado por los pecados de toda la humanidad; me oigas gentilmente mientras imploro Tu perdón y, me proveas de lo que me hace falta para tener un arrepentimiento perfecto. Te ofrezco el dolor abrumador que Tu único Hijo engendrado, aguantó en su dulce corazón durante su vida en la tierra a causa de los pecados del mundo y especialmente cuando en el Huerto de Olivos en la peor de las angustias sudó sangre. Te suplico que limpies de mi alma todas sus deshonras en la corriente más santa de Tu Preciosa Sangre y la adornes con una pureza más blanca que la nieve. Amén.

Acto de contrición corto y eficaz

Por Santa Matilde

Dulce Jesús mío, ¡yo me arrepiento de todos mis pecados! Dígnate proveer de lo que carezco para tener un verdadero dolor y ofrece a Dios Padre por mí todo el dolor que sufriste a causa de mis pecados y los del mundo entero. Amén.

IV. UN MÉTODO FÁCIL PARA IR A CONFESIÓN

Después de arrodillarse en el confesionario, diga: "Bendígame Padre porque he pecado. Ha pasado una semana (dos semanas, un mes, un año, 5 años, etc.) desde mi última Confesión, cumplí mi penitencia y recibí la Santa Comunión" (o "recibí la Santa Comunión y cumplí mi Penitencia" o "no cumplí con mi penitencia", lo que fuese el caso). Entonces, continúe diciendo: "Confieso a Dios todopoderoso y a usted, Padre, que he..." Aquí confiese sus pecados, estando seguro de nombrar todos los pecados mortales cometidos desde su última Confesión, el tipo y el número de veces tan exacto como usted pueda recordar, más cualquier condición o circunstancia importante. Usted no tiene que confesar sus pecados veniales, aunque es recomendable hacerlo. Termine su Confesión diciendo: **"Por estos y todos los pecados de mi vida pasada estoy arrepentido y pido perdón de Dios y penitencia de usted, Padre."** Entonces, espere que el sacerdote le haga cualquier pregunta que pueda tener y/o darle consejo o advertencia. Esté atento a la penitencia que el sacerdote le dará. Cuando él comience a pronunciar las palabras de absolución, usted debe decir el acto de contrición: "Señor mío Jesucristo, Dios y Hombre verdadero, Creador, Padre y Redentor mío; por ser Vos quien sos, bondad infinita, y porque os amo sobre todas las cosas, me pesa de todo corazón haberos ofendido; también me pesa porque podéis castigarme con las penas del infierno. Ayudado de Vuestra divina gracia, propongo firmemente nunca más pecar, confesarme y cumplir la penitencia que me fuere impuesta. Amén".

Cuando el sacerdote haya terminado la absolución, él dirá generalmente algo como: "Vete en paz y no peques más". Entonces usted deberá decir: "Gracias Padre" y deberá salir del confesionario, arrodillarse y cumplir con la penitencia que el sacerdote le impuso en el confesionario.

Puntos a recordar

Usted debe recordar que para hacer una Confesión digna, es necesario:

1) Hacer un examen de conciencia.
2) Estar arrepentido de sus pecados.

3) Tener un firme propósito de enmienda de no pecar más.
4) Confesar al sacerdote todos los pecados mortales, que usted recuerde, desde su última Confesión.
5) Estar dispuesto a realizar la penitencia que el sacerdote le imponga.

El arrepentimiento del pecado (llamado "contrición") puede ser "perfecto" porque usted ha ofendido a Dios, que es todo bueno y merece todo nuestro amor, o puede ser "imperfecto" porque usted teme la pérdida del cielo y el dolor del infierno. La contrición perfecta obtiene el perdón de sus pecados sin la Confesión, aunque usted no puede recibir la Comunión hasta que haya confesado sus pecados mortales en el Sacramento de la Penitencia (Confesión). La contrición imperfecta obtiene el perdón de sus pecados solamente por medio de la Confesión.

V. ORACIONES PARA DESPUÉS DE LA CONFESIÓN

Salmo 102

Bendice, ¡oh alma mía!, al Señor, y bendigan todas mis entrañas su santo Nombre.

Bendice al Señor, alma mía, y guárdate de olvidar ninguno de sus beneficios.

Él es quien perdona todas tus ofensas y sana todas tus dolencias; quien rescata tu vida de la muerte. Él es quien que te corona de misericordia y gracias.

El Señor es compasivo y misericordioso; paciente y abundante en misericordia.

No nos trata según nuestros pecados, ni nos paga según nuestras ofensas.

Cuanto dista el oriente del occidente, tan lejos ha echado de nosotros nuestras maldades.

Como un padre se compadece de sus hijos, así se ha compadecido el Señor de los que le temen.

Porque conoce bien Él la fragilidad de nuestro ser. Tiene muy presente que somos polvo.

Bendecid al Señor todos vosotros, ¡oh ángeles suyos!, vosotros de gran poder y virtud, ejecutores de sus órdenes, prontos a obedecer la voz de sus mandatos.

Bendecid al Señor todos vosotros que componéis su celestial milicia, ministros suyos que hacéis su voluntad.

Criaturas todas de Dios, en cualquier lugar de su universal imperio, bendecid al Señor. Bendice tú ¡oh alma mía!, al Señor.

Oración de agradecimiento

Por Santa Gertrudis

Dios Todopoderoso y compasivo, Tu misericordia es ilimitada y Tus riquezas infinitas. Te doy gracias a Ti con todo mi corazón y mi mente por tanta bondad que has mostrado al tan gentilmente perdonar todos mis pecados y restaurarme a Tu gracia y favor. Bendita sea Tu compasión divina, mi Dios, y bendito sea el amor incomprensible de Tu Hijo querido, que le obligó a instituir tan suave y poderoso remedio para nuestros pecados. Por eso, en la unión con todas las acciones de gracias que Te han hecho de corazones verdaderamente arrepentidos, canto en voz alta Tus alegres alabanzas a nombre de todos en el cielo, en la tierra y en el purgatorio, por los siglos de los siglos. Amén

Oración para antes de realizar la penitencia sacramental impuesta

Por Santa Gertrudis

Dios todo compasivo y amoroso, Te he insultado tan gravemente con mis pecados y negligencias. Estoy lista ahora para cumplir perfectamente Tu justicia divina al máximo de mi capacidad. Con este fin, fiel y reverentemente realizaré la penitencia que me asignó mi confesor en Tu nombre. ¡Que pueda realizarla con tal dedicación y amor de forma que Te de honor y satisfacción mayores al insulto y al ultraje que Te dieron mis pecados! Qué pueda ser así. Y uno mi penitencia a todas las obras de satisfacción que Tu querido Hijo logró durante los treinta y tres años de vida en la tierra y en unión a Sus ayunos y oraciones, ofrezco mi penitencia y mi oración. Mira en mí, por lo tanto, Padre amadísimo, a Tu deudora más obligada, ahora postrada ante Tus pies, deseando hacer la reparación necesaria y adecuada por todos los insultos y lesiones que Te he hecho. Concédeme la fuerza y la gracia de decir esta oración según Tu santísima voluntad. Amén.

Ahora, realice su penitencia sacramental y después diga:

Amadísimo Padre, Te ofrezco mi Confesión y mi reparación en unión de todos los actos de penitencia que se han ofrecido por la gloria de Tu Santo Nombre. Te suplico los aceptes y sirvan junto a los méritos de la Pasión de Tu Hijo querido y con la intercesión de la Santísima Virgen María y de todos los apóstoles, mártires, confesores y vírgenes. Lo que carezco para una preparación sincera y seria y una contrición perfecta en la Confesión franca y clara, lo encomiendo al corazón más amoroso de Tu Hijo único, ese tesoro de todo lo bueno y de toda la gracia, en quien la abundancia es infinita y por quien todas las deudas se absuelven completamente; y por medio de quien todas mis negligencias y defectos en la recepción de este sacramento más santo se puedan suplir completa y perfectamente, a Tu alabanza y gloria eternas, que me absuelvas eficazmente en el cielo, como lo ha hecho Tu ministro, con Tu autoridad, aquí en la tierra, a través de Cristo Nuestro Señor. Amén.

